AF457246

FRÉDÉRIC HENRIET

MONTMORT

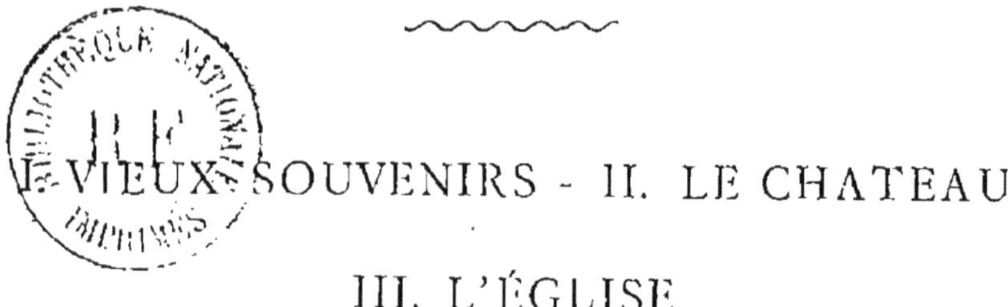

I. VIEUX SOUVENIRS - II. LE CHATEAU

III. L'ÉGLISE

IV. LA VIERGE DE MONTMORT

REIMS

...AINE, IMPRIMEUR-LIBRAIRE-ÉDITEUR

Henri MATOT (A ✿), Fils et Successeur

Rue du Cadran-Saint-Pierre, 6

1898

MONTMORT

FRÉDÉRIC HENRIET

MONTMORT

I. VIEUX SOUVENIRS - II. LE CHATEAU

III. L'ÉGLISE

IV. LA VIERGE DE MONTMORT

REIMS

MATOT-BRAINE, IMPRIMEUR-LIBRAIRE-ÉDITEUR

Henri MATOT (A ✿), Fils et Successeur

6, Rue du Cadran-Saint-Pierre, 6

1898

IL A ÉTÉ TIRÉ DE CET OUVRAGE

10 Exemplaires sur papier du Japon.

25 Exemplaires sur papier vergé.

N°

MONTMORT

I

VIEUX SOUVENIRS

Montmort, chef-lieu de canton de l'arrondissement d'Épernay, se trouve à 18 kilomètres de cette ville et à 26 kilomètres de Sézanne; mais il occupe dans la

géographie de mon cœur une place qui n'a rien à voir avec son importance administrative et sa situation topographique. En remuant la cendre de mes plus lointains souvenirs, je vois se détacher nettement, des visions confuses de mon enfance, le village de Montmort, son château, le premier monument qui frappa mon imagination de bambin, et la maison familiale où nous attendait toujours la plus cordiale hospitalité.

Dans la trame monotone et grise des jours passés dans la maison paternelle, maison triste, sans air et sans soleil, le voyage de Montmort, que nous faisions régulièrement une fois l'an, prenait l'importance d'un événement. C'était l'heure de ma libération qui sonnait joyeusement et, sans que je m'en rendisse compte, quelque chose comme un lever d'écrou. Aussi quels transports de joie quand mon père décrétait qu'on allait partir pour Montmort ! Quel bonheur ! Quel bon bonheur ! — un de mes pléonasmes habituels. Au plaisir d'aller en voiture, plaisir dont je ne jouissais qu'en de rares occasions, se joignait le besoin de changer de place, de voir autre chose, et le frisson de l'inconnu, car dans ces temps reculés, c'était toute une expédition non exempte d'incidents et d'aventures que de franchir les 40 kilomètres qui séparaient Château-Thierry de Montmort.

Mon père attelait un cheval de louage à un vieux cabriolet de famille où nous nous entassions tant bien que mal et l'on se mettait en route à une allure honnête et modérée. Nous faisions escale à Condé-en-Brie, au Breuil, avec crochet sur les fermes de Brocheron et des

Lhuyas où mon père avait affaire, au risque de nous embourber dans des chemins de traverse dont on ne se tirait pas toujours sans encombre. De là, nous redescendions à La Ville-sous-Orbais, groupe de trois à quatre maisons dont le nom confondait quelque peu ma logique d'enfant. Passé Orbais, gros bourg qui me semblait mieux mériter de s'appeler La Ville, le paysage, de montagneux et cahoté qu'il était jusque-là, changeait brusquement d'aspect. Les collines prenaient des déclivités plus douces et venaient mourir en des pâturages à l'herbe rase et drue, aux verdures plus fraîches. Les arbres avaient plus de tournure. Le chêne, le hêtre, le platane, le châtaignier se mêlaient aux grisards et aux peupliers. Il semblait qu'on traversât un parc ; et, de fait, on longeait le parc du château de Mareuil-en-Brie, propriété de M. de Salverte (1), et je n'avais pas assez d'yeux pour voir tout à la fois, le château à demi dérobé dans ses frondaisons séculaires, la rivière anglaise coupée de ponts rustiques, et les tapis de velours vert sur lesquels dormaient paresseusement les ruminants repus.

Bientôt nous atteignions le hameau de Corribert aux jardinets enclos de haies vives, et nous l'avions à peine dépassé que déjà je voyais poindre — avec quelle émotion ! ai-je besoin de le dire ? — la lanterne du château de

(1) Le domaine de Mareuil appartient aujourd'hui à M. Orville.

Montmort et grandir petit à petit à l'horizon, les combles, les tourelles, les cheminées et la masse puissante de l'édifice. Nous arrivions face au pont-levis et contournions à gauche les vieilles murailles du parc pour gagner la maison de mon oncle plantée au-delà du village, à l'angle des routes d'Etoges et de la Charmoye, à deux hectomètres à peine de l'église, comme un poste d'observation d'où l'on pouvait voir et interpeller au besoin tous les passants assez nombreux en cet endroit.

Au bruit de ferraille de notre équipage, tout le monde accourait, nous accueillait avec des exclamations aussi bruyantes que cordiales et s'empressait autour de nous avec d'autant plus de zèle que l'attente commençait à aiguiser vivement l'appétit de chacun, car c'était toujours, à soleil couché, que nous arrivions à destination, bien disposés à faire honneur au plantureux dîner qui mijotait doucement sur les fourneaux.

Le lendemain, comme de jeunes poulains lâchés dans l'herbage, nous courrions, mes petits cousins et moi, à travers les jardins qui, sans qu'on les baptisât du nom de parc, en avaient du moins les dimensions. On nous donnait liberté entière, non sans nous avoir plusieurs fois répété cette sage recommandation, côté des mamans : « Surtout, n'approchez pas trop près du canal ». Pour moi, ce saut brusque dans la lumière et dans l'azur me grisait de sensations nouvelles. Grand amateur d'images, je m'emplissais les yeux, avec une gloutonnerie irrasatiable, de tout ce que je voyais, tableaux réalisés et concrets avec lesquels je vivais à l'unisson. Peut-être me laissai-je abuser par le désir de retrouver dans les impressions de ma plus tendre enfance les signes répétés et concordants d'un goût que je n'ose qualifier de vocation, ne lui ayant pas fait tous les sacrifices sociaux et autres qu'elle eût exigés en ce temps-là beaucoup plus qu'aujourd'hui ; mais il me semble que j'étais bien plus conscient du bonheur dont je jouissais dans les champs que la plupart de mes petits camarades, tout entiers à leurs jeux turbulents, qui tournaient invariablement à un échange de horions et de taloches. Comme je n'aimais pas plus en donner qu'en recevoir, je les laissais volontiers à leurs pugilats. Rien n'égalait pour moi le plaisir d'une promenade dans les champs d'où je revenais toujours chargé, suivant la saison, de fleurs, de graminées légères, de brindilles ornées de baies noires ou rouge corail, ou de bourgeons de velours et d'argent que j'appelais « des moutons ». Aussi était-ce toujours dans les sentiers solitaires, au bord des ruisseaux clairs, que j'entraînais ma bonne, loin des buts de promenade consacrés où il ne me plaisait pas qu'elle rencontrât des payses ou des militaires.

Nous ne faisions jamais à Montmort que de très courtes apparitions. Mon père qui savait compter — je

ne lui en fais pas un reproche — n'oubliait pas qu'il avait un locatis à l'écurie et que les frais couraient plus vite que le cheval. C'est pourquoi dès le surlendemain de notre arrivée, à l'aube, sourd à toutes les instances, à toutes les prières, mon père attelait et nous repartions : le cheval ragaillardi par deux journées de repos avec abondantes rations d'avoine et de foin fleurant bon ; moi, le cœur gros comme celui d'un enfant qu'on oblige à quitter la table avant qu'il ait avalé sa part de tarte ou de galette.

Plus tard, quand je fus grand garçon, je fis à Montmort, où l'on m'accueillait toujours bras et cœur ouverts, des séjours plus prolongés. Usant du mode de locomotion dont dame nature nous a pourvus, je faisais la route en deux étapes. Cela me rappelle un amusant épisode de ces hégires vacancielles. C'était peu de jours après la semaine sanglante de juin 1848. Parti le matin de la ville, avec un petit sac à la main et un album dans ma poche, j'atteignais les premières maisons de Condé, au lieu dit le Chaos, lorsque je me sens brusquement appréhendé par un garde-champêtre affolé.

— Qui êtes-vous ? D'où venez-vous, où allez-vous ? Où sont vos papiers ? Et pis, c'est pas tout ça. Suivez-moi chez le maire.

Arrivés devant l'officier municipal, le garde-champêtre s'efface pour laisser sa capture au premier plan.

— Tiens ! c'est toi, mon garçon.

— Oui, mon oncle. Vous allez bien ?

— Tu vas déjeuner avec nous...

— Avec plaisir ; et même coucher, si vous voulez bien, car j'espère bien que vous n'allez pas m'envoyer coucher au violon.

Tête du garde-champêtre qui se confond en excuses.

— Le mal n'est pas grand, mais vous voyez qu'il vaut toujours mieux laisser aux gens le temps de s'expliquer.

Le lendemain matin je reprenais le chemin de Montmort, muni cette fois d'un papier maculé de timbres et de cachets qui devaient m'éviter le retour de pareils incidents.

Mon oncle était un maire comme jamais plus on en verra. Son écharpe inamovible avait vu passer toutes sortes de gouvernements sans faire un pli sur son abdomen imposant. Ils étaient l'un et l'autre inséparables. Une si rare constance devait avoir sa récompense. Aux distinctions que l'empereur Napoléon III distribuait chaque année, le 1er janvier, en manière d'étrennes, il ajouta, en 1862, une croix pour celui de tous les maires du beau pays de France qui comptait les plus longs services municipaux, — une façon gracieuse d'honorer un peu tous ces dévoués édiles en la personne de leur doyen. De l'enquête à laquelle on se livra au ministère de l'intérieur, il résulta que mon brave oncle était le titulaire de ce brevet de légionnaire. Il y avait 48 ans qu'il administrait sans interruption la commune de Condé-en-Brie (1). Il faillit tomber en syncope à cette nouvelle, et cette croix fut certainement le plus beau jour de sa vie; mais les amertumes ne se firent pas attendre. Le croira-t-on? Cette croix fit des ennemis à cet homme qui n'avait jamais eu d'ennemis. On le tracassa tant et si bien qu'il démissionna en 1865, après plus de cinquante années de services effectifs. Il motiva sa démission par des raisons de santé. Il avait presque entièrement perdu la vue; mais le sacrifice ne lui fut pas moins douloureux. Il aurait voulu mourir enseveli dans son écharpe et être conduit à sa dernière demeure, avec tous les honneurs municipaux, par le cortège des autorités du chef-lieu. Cette consolation lui manqua; mais son cercueil fut suivi par toute la population de Condé et des pays d'alentour accourue pour rendre les derniers devoirs à cet homme de bien. Cela ne valait-il pas le froid cérémonial de la pompe officielle?

A Montmort, liberté entière, et Dieu sait si j'en usais! — « Tu sais les heures de repas, me disait mon oncle. Pour le reste, arrange-toi. » Et de fait j'étais toujours dehors. Il semblait que je vécusse de la vie mystérieuse des choses qui m'enveloppaient. Mais il ne me suffit bientôt plus de les voir et de les sentir. Je

(1) M. Moreau Geisler, né en 1784, décoré le 12 mars 1862, mort en 1869, âgé de 85 ans. Il fut pendant 51 ans maire de Condé-en-Brie (Aisne).

voulus essayer de les rendre, m'attaquant d'abord aux petits ponts rustiques jetés sur le Surmelin au milieu des roseaux ; aux moulins, aux tuileries, aux maisonnettes où la brique se marie aux verdures, aux « fabriques » enfin, comme disaient nos pères. Puis de ces croquis fragmentaires, je me risquai à des vues plus générales, énamouré du charme ondoyant des lignes et curieux des synthèses de l'effet. Parallèlement à cette école pratique d'art appliqué, je poursuivais à Paris mon initiation artistique, et c'était pour moi un double plaisir de retrouver aux Salons de peinture des ressouvenances de mes promenades à Montmort, et, à Montmort des coins, de furtifs effets qui me frappaient par des conformités inattendues avec des œuvres admirées à Paris. Avec quelle émotion je m'écriais alors : « Tiens, un Corot, un Troyon, un Daubigny », visions soudaines qui ajoutaient au charme simple des champs, la note d'art, d'essence supérieure, que le génie sait en tirer.

Ai-je assez déambulé des Rouleaux à Méhart, de la Chauderue aux Castaignes, vieille tuilerie remplacée aujourd'hui par la pittoresque propriété de M. de M... ; aux Mardelles, à Lacaure, aux horizons tristes et plats des pays de culture, à la Charmoye, aux étangs de la Folie. Et le château ! et le prieuré ! et l'église ! L'église surtout si poétiquement drapée dans son peplum de lierre ! Les ai-je assez dessinés, peints, repeints sous tous les angles et à toutes les heures ! Telle était ma prédilection pour cette douce Normandie champenoise et l'enthousiasme avec lequel j'en parlais, qu'à ma rentrée à Paris, en novembre, mes camarades ne manquaient pas de me dire : — « Eh bien ! y as-tu encore été à ton Mort ? » — « Oui, j'y suis allé et aujourd'hui que la mort a fauché par là, j'y vais encore avec une joie tempérée maintenant d'un peu de mélancolie. La vieille maison patriarcale sert toujours de centre de ralliement aux survivants de la famille. De jolies fillettes aux tresses blondes, des garçonnets à cols marins courent encore par les pelouses, et nous autres, passés grands parents à notre tour, nous leur crions maintenant : « N'approchez pas trop près du canal ». Pendant que la jeunesse s'ébat à travers les clos, nous devisons du passé sur le banc que j'ai toujours vu à cette même place, au seuil de la maison, et résignés, souriants, nous goûtons, avec le regret de ne pouvoir les ralentir, la douceur des années de grâce que le bon Dieu nous accorde ; car, après tout, comme dit je ne sais plus quel philosophe, la vieillesse est un état très agréable ; c'est dommage qu'elle ne dure pas assez longtemps.

II

LE CHATEAU

Doctus cum libro, telle sera ma devise au cours de ce chapitre. Encore ne me porté-je pas garant des assertions des auteurs que je mets à contribution, n'ayant pas sous la main les moyens de les contrôler. Je commence par emprunter à la *Statistique du canton de Montmort* les lignes suivantes concernant ses origines :

« Le commandant d'une station militaire pendant la longue occupation romaine avait établi ses cinq enfants, vers la première année de notre ère, dans cinq des

communes de son commandement, qui ont reçu alors et conservé depuis les noms de sa lignée, savoir : *Bayus* à Bayes, *Stogius* à Etoges, *Aubertus* à Champaubert (campus

Auberti), *Coizardus* à Coizard, *Maurus* à Mont-Maur (Mons Mauri) ».

M. Chalette, auteur d'une notice sur Montmort publiée dans l'*Annuaire du département de la Marne*, en 1827, et le *Dictionnaire géographique de la France*, par Giraud de Saint-Fargeau, s'accordent sur ce point.

Ce fut au XIIe siècle que fut bâti le château féodal dont quelques parties subsistent encore dans les bâtiments servant à l'habitation des jardiniers et à divers services accessoires. Le château actuel, d'après cette version, serait l'ancien donjon remanié et percé de hautes fenêtres au cours des XVIe et XVIIe siècles. Construit tout en briques, sauf les chaînes de pierres et les encadrements des baies, il consiste en un massif carré, cantonné de tourelles et surmonté d'un comble très élevé que couronne un belvédère surmonté d'une girouette. L'escalier qui y mène compte 154 marches (1). Etabli sur une terrasse haute d'environ vingt mètres au-dessus du niveau de la cour des communs, le château domine fièrement la campagne d'alentour. Chacun de ses quatre côtés fait face à une des routes qui aboutissent à Montmort venant d'Epernay, d'Orbais, d'Etoges et de Champaubert.

---

(1) Cette girouette en plomb, improprement appelée par les gens du pays, *La fileuse* puisqu'elle représentait *La Fortune et sa roue* fut prise et fondue sous la Révolution. Celle qui l'a remplacée il y a quelques années, a été imitée de l'original, et exécutée par les soins de M. le sculpteur Fagel.

La porte principale, celle qui met le château ou plutôt la cour des communs en communication directe avec le pays, se trouve dans l'axe de la route d'Orbais. On pénétrait dans cette première enceinte par un pont-levis jeté sur des fossés profonds et protégé par des ouvrages avancés dont on voit encore quelques vestiges. Cette entrée a perdu, en 1832, son imposant appareil militaire. On a remplacé la voûte sévère d'autrefois et l'ancienne courtine munie de ses rainures et de son treuil par une construction en briques avec tourillons en encorbellement, portail et fenêtres à ogives dans ce goût pseudo-gothique que le romantisme troubadour de la Restauration avait malheureusement propagé et qui joint la prétention à la vulgarité.

On oublie vite ce petit désenchantement aussitôt qu'on a franchi cette première clôture. On voit alors s'élever devant soi un mur d'une hauteur prodigieuse formé de roches naturelles taillées à pic et reliées par des maçonneries de briques. Un épais manteau de lierre le revêt entièrement. Ce mur soutient l'esplanade sur laquelle se dresse l'édifice et se termine à gauche par une tour quadrilatérale armée d'un angle très aigu. C'est par cette tour, engagée dans la terrasse jusqu'à sa partie supérieure, qu'on arrivait au terre-plein du château au moyen d'une rampe, voûtée et pavée en briques sur champ, praticable aux cavaliers et même aux voitures.

Cette rampe tourne autour d'un noyau central, contenant

lui-même un escalier qui débouche sur une plate-forme pourvue de parapet, créneaux et machicoulis, et continue à monter encore quarante pieds plus haut en une svelte tourelle issant de la plate-forme et sur le sommet de laquelle devait se tenir une sentinelle de guet. Cette tour a conservé sa vieille porte de fer, signalée par Victor Hugo dans ses *Lettres sur le Rhin*, elle est encore munie de son armature ancienne.

Il va sans dire que les voitures ont abandonné depuis longtemps cette voie peu commode et font plus volontiers un long circuit dans le parc pour arriver à un second pont-levis établi au-dessus des fossés garnis de balustres qui règnent devant la façade sud-est, du côté des pelouses et des jardins.

Une petite porte, où la Renaissance a semé ses plus jolis caprices, se présente alors au touriste. C'est l'entrée principale de l'habitation. Elle est munie d'un délicat pendant de sonnette en fer forgé et ajouré. Au-dessus de cette porte, la date de 1377, surmontée de l'écusson en losange de Jeanne d'Hangest : d'argent à la croix de Gueules chargée de cinq coquilles d'or. Sur la façade nord-ouest se trouve l'entrée de la cuisine, voûtée comme toutes les pièces du rez-de-chaussée. Sur la clé d'où fusent les arcs d'ogive, on lit le millésime 1577, date de l'achèvement des travaux de réfection du château. Une vaste cheminée soutenue par deux grosses colonnes pouvait abriter sous son manteau protecteur les victuailles les plus formidables.

C'est à tort que certains auteurs prétendent que cette salle n'était pas primitivement une cuisine, mais un vestibule chauffé. Un puits de trente mètres de profondeur qui existe dans cette pièce et pourvoit aux besoins du château dément cette supposition et atteste qu'elle a toujours été destinée à son usage actuel.

A gauche et à mi-hauteur de l'escalier qui conduit aux appartements du premier étage, on rencontre la chapelle installée plus que modestement, dans la tourelle de l'est : puis on arrive à la salle des gardes qui règne tout le long de la façade sud-est et jouit d'une vue splendide sur les parterres et la campagne. A l'extrémité opposée à la porte d'entrée, une cheminée monumentale attire le regard. Elle est surmontée d'un portrait peint du roi Henri III qu'entoure un cadre de pierre richement sculpté accompagné de deux belles statues en pierre du « plus beau caractère Renaissance, figurant la *Justice* à gauche, et l'*Abondance* à droite avec leurs attributs respectifs » (1). On fait honneur de cette œuvre harmonieuse à Jean Goujon, mais sans fournir aucun argument décisif à l'appui de cette attribution. Dans l'angle, à gauche de la cheminée, s'ouvre la porte du

(1) *Excursions en Champagne et en Brie*, par un Rémois (Reims, *Michaud*, 1893).

cabinet dit de Sully qui occupe la tourelle sud. A droite de la cheminée se développe, en retour d'équerre, le salon qui communique avec les appartements particuliers.

Ce n'est qu'à partir de la fin du XIVe siècle que l'on peut suivre la série des seigneurs qui possédèrent le château de Montmort. Des pièces établissent qu'il appartenait en 1389 à Jeanne des Noyers, fille de Marie de Chastillon et de Miles, seigneur des Noyers et de Vandœuvres. Il passa par alliance de la maison des Noyers à la maison d'Hangest vers 1396 et resta pendant plusieurs siècles dans cette puissante famille. Nous verrons, dans l'église de Montmort, divers témoignages de la longue possession des seigneurs d'Hangest.

Une notice, insérée à l'*Annuaire du département de la Marne*, pour 1851, donne la suite des sires d'Hangest qui se succédèrent à Montmort et les alliances qui transmirent le domaine à des seigneurs de noms différents sans qu'il sortit pour cela de la descendance des Hangest. Nous n'en donnerons pas le détail. Il nous suffit d'indiquer l'ouvrage où se trouvent ces renseignements, et si nous faisons exception en faveur de la fille de Jeanne d'Hangest, Chrétienne d'Aguerre, épouse de Louis d'Agout, comte de Sault, c'est parce que ce fut elle qui construisit ou plutôt transforma et acheva, de 1560 à 1577, le château que nous voyons aujourd'hui.

La petite fille de Chrétienne d'Aguerre, Françoise de Crequi d'Agout, épousa en 1622 Maximilien de Béthune-Sully qui devint en conséquence seigneur de Montmort. Une notice anonyme (Montmort, 1852, Paris; Le Normand, rue de Seine 10) n'hésite pas à affirmer qu'il s'agit là du fameux ministre d'Henri IV; mais Sully avait déjà 63 ans en 1622. Les deux femmes que nous lui connaissons sont Anne de Courtenay et Rachel de Cochefilet, veuve du seigneur de Châteaupers; il est donc plus probable qu'il s'agit de son fils. Cela ne supprime pas la légende du cabinet de travail de Sully qui n'en dût pas moins être de temps en temps l'hôte du château; mais s'il aimait à se retirer dans cette petite pièce circulaire pour s'y livrer à ses travaux, l'auteur de la notice se laisse emporter un peu loin par l'ardeur de son imagination quand il dit que « le ministre du bon Roi y médita les sages ordonnances qui contribuèrent à rendre son maître l'idole de la France », car nous venons de voir que la terre de Montmort n'advint à la maison de Sully qu'en 1622, et il y avait douze ans déjà que le poignard d'un fanatique avait frappé le meilleur de nos rois.

C'est en 1704 que Pierre de Rémont acquit la terre de Montmort. Il est le chef de la famille qui la possède encore aujourd'hui.

Le château subit de grands dommages pendant la période révolutionnaire, et, pendant l'invasion. Victor Hugo, qui le visita, en 1838, au début de son voyage, sur les bords du Rhin, fut frappé de son délabrement. Parlant de la magnifique pièce, dont il admire la cheminée « du plus beau style de Henri III », et le plafond à poutres peintes et dorées, il dit, lettre deuxième : « Les murs » étaient jadis couverts de vastes panneaux de tapis- » serie qui étaient des portraits de famille (ou paraît-il, des tableaux historiques où figuraient des membres des familles résidant à Montmort). « A la Révolution, des » gens d'esprit du village voisin ont arraché ces panneaux » et les ont brûlés, ce qui a porté un coup mortel à la » féodalité. Le propriétaire actuel a remplacé ces » panneaux par de vieilles gravures collées à cru sur le » mur... représentant des vues de Rome et des batailles » du grand Condé. Ce que voyant, ajoute assez naïvement » le poëte, j'ai donné trente sous à la vieille servante, » Mlle Jeannette, qui m'a paru éblouie de ma magnifi- » cence » ?

Le château a été depuis cette époque, l'objet d'importantes et nécessaires réparations. La partie décorative a été confiée à Ciceri. La gracieuse ornementation du cabinet de Sully, dont les lambris peints en blanc sont semés de doubles palmes en or unies par une couronne, a été exécutée sous sa direction. Il a fait réparer également le plafond de la salle des Gardes et raviver, en respectant l'ancien dessin, le décor des solives, où se trouvent répétés, sur fond grès et or, les chiffres de Jeanne d'Hangest et de Chrétienne d'Aguerre.

Sur les panneaux de cette vaste pièce, Ciceri a fait peindre, en de larges esquisses, des sujets tirés des estampes bien connues de Sébastien Bourdon : *les Œuvres de miséricorde*, comme pour rappeler que les devoirs de charité ont remplacé pour les châtelains les devoirs de protection militaire que la féodalité leur imposait : *« Exurientes pascere — potare sitientes — hospitio exeipere advesas — vestire nudos — ægros curare — liberare captivos.* — Je crois que le bon Ciceri n'a pas jugé à propos de compléter la série par le « *sepelire mortuos* », ce qui n'était pas indispensable dans une pièce susceptible de se transformer, aux grandes solennités, en salle de fête ou de banquet.

Sur une plaque en marbre noir placée à l'un des angles de la cheminée, on lit en lettres d'or l'inscription suivante : *Auspiciis egregii nec non optimi Ciceri, curante ; L. David pictore* (ce David n'a rien de commun, cela va sans dire, avec ses deux illustres homonymes) *hæc atria restituebat, R. de Rémont de Montmort 1852.*

III

L'ÉGLISE

L'église de Montmort est située tout à fait en dehors du village, à l'extrémité Est du parc qui a une sortie à deux pas d'elle. Elle se dresse dans la verdure comme une

chapelle de pèlerinage. Quelques habitations sont groupées à l'entour, reliquat d'une agglomération plus considérable qui existait jadis en cet endroit, comme en témoignent les noms des chemins du voisinage : rue des Maçons, rue des Orfèvres, etc.

Cet écart est si éloigné que les habitants qui ont affaire au village disent : « Je vais à Montmort. » Il porte en effet un nom différent et s'appelle Saint-Pierre qui est le vocable de l'église. On croit que jadis il n'y avait pas solution de continuité entre Montmort et Saint-Pierre. Le bourg, beaucoup plus peuplé qu'aujourd'hui, s'étendait surtout, du côté de la rivière, vers Gros-Moulin, les Rouleaux, Mardelle, où l'on voit encore des traces d'habitations lorsque Montmort avait l'importance d'une petite ville.

La maison curiale fait face à l'église. Elle n'en est séparée que par la route d'Etoges qui, exhaussée à diverses époques par la voirie départementale, a enterré le porche. Celui-ci est en contrebas de trois marches, et l'église en contrebas de huit par rapport au niveau de la route. Le presbytère est le type idéal de ces asiles de paix et de silence, avec son jardin protégé du nord par les grands arbres du parc. Il domine la route de façon à ce qu'aucun passant n'échappe à l'œil vigilant du pasteur, un peu curieux par habitude professionnelle et par l'effet naturel de l'isolement. Pour peu que l'on ait l'esprit méditatif et détaché des turlupinades de ce monde, on envie le prêtre qui vit là doucement entre ses fleurs et son bréviaire. Si, dans la simplicité de son cœur, il accepte docilement les sacrifices volontaires qu'il a faits au bon Dieu, ce presbytère sera pour lui le paradis terrestre, moins la pomme et le serpent.

L'église est du XIIe siècle, de style assez pur. Elle est mentionnée par Viollet-le-Duc (*Dict. de l'Architecture*, tome V, p. 183). Ce qu'elle offre de plus caractéristique, c'est un vaste porche qui règne sur toute la largeur de l'édifice. C'est, paraît-il, un spécimen assez rare de ces sortes de constructions, car il est cité par divers auteurs. On y entre par une porte à trois arcatures ogivales reposant sur des colonnettes à chapiteaux. Cette porte est accompagnée, à droite et à gauche, de deux baies carrées géminées par une colonnette centrale de forme prismatique. Ce porche a, de plus, à ses extrémités latérales, deux portes qui donnent accès dans le cimetière. Ces deux portes, comme l'indique le linteau qui les ferme, sont la partie la plus ancienne de l'édifice.

Les habitants ne se doutent guère de l'intérêt archéologique de ce morceau, mais ils ne l'en apprécient pas moins, à un autre point de vue. C'est sous cet abri qu'à la sortie des offices les fidèles s'attendent et reprennent haleine avant d'affronter le soleil ou la pluie. On se salue, on se « cousine », on se congratule :

— Bé là ! ma cousine, on ne dirait pas que vous avez été malade... Vous avez bonne façon tout à fait...

On papote, on s'écarte devant les dames du château qui

gagnent rapidement la porte du parc, on passe en revue les toilettes de chacun, aux couleurs voyantes pour la plupart, et l'on remonte au village, en commérant, par groupes de quatre à cinq personnes tenant toute la largeur de la route et réunies selon les affinités d'humeur et de position sociale.

En semaine, l'église ne reçoit guère d'autres visites que celles des bonnes sœurs de l'école communale qui passent et repassent avec une régularité de chronomètre, mettant dans l'intimité du paysage la note noire et blanche de leur costume.

Le portail principal, la nef, les bas-côtés et le premier transept appartiennent à la première époque ogivale de 1100 à 1200. La corniche extérieure composée de modillons en consoles, dont quelques-uns figurant des têtes d'hommes, suffirait au besoin pour préciser cette époque.

Un rang de piliers carrés, sans chapiteau, avec une simple astragale à la naissance de l'ogive, soutiennent la nef plafonnée en planches. Les fenêtres de la nef sont de la même époque ; mais le monument primitif finit au premier transept inclus. L'église a été agrandie, au XVe siècle, d'un second transept en conséquence de quoi le sanctuaire a été reporté plus loin. Voilà pourquoi les fenêtres de l'abside et du deuxième transept sont de style flamboyant, et pourquoi les piliers de cette partie de l'édifice, formés d'un faisceau de huit colonnettes engagées, de différentes grosseurs, sont pourvues de chapiteaux ornés de trèfles et de feuilles d'acanthe.

Vu du seuil, le chevet produit un bel effet avec ses grandes baies où scintille le bouquet de ses verrières qui sont la véritable richesse de l'église. Elles sont classées aux monuments historiques, à l'exclusion du gros œuvre lui-même, sans souci du principe : l'accessoire suit le principal. Ces vitraux sont du XVIe siècle. Ils ont été habilement restaurés de 1835 à 1862, grâce aux sacrifices des habitants et aux larges subventions du gouvernement.

Le vitrail de l'abside, derrière le maître-autel, représente *le crucifiement* avec figures de grandes dimensions. Le Christ est ancien, ainsi que le buste de la Madeleine, la tête et les mains de la Vierge et une partie du corps de Saint-Jean. Tout le reste est neuf. Il a été restauré en 1848. Les deux verrières de droite sont des plus remarquables. L'une représente les Mystères de la Passion de Notre Seigneur avec, dans le bas, les portraits des donateurs et au milieu les armoiries de France et de Bretagne.

Ces donateurs sont probablement Louis d'Hangest, chambellan du roi, grand écuyer de la reine Anne de Bretagne, ce qui expliquerait l'écusson central auquel le restaurateur a malheureusement donné un caractère trop moderne (1). Louis d'Hangest et Marie d'Athies sa

(1) Certains auteurs croient qu'il s'agirait plutôt de Jean d'Hangest, seigneur de Saint-Martin-en-Vinay, et Marie d'Amboise d'une génération plus anciens, ce qui rend la supposition moins probable.

femme habitaient le château vers la fin du xve siècle. Les prie-Dieu devant lesquels ils se tiennent agenouillés portent leurs armes : *argent à la croix de gueules chargée de cinq coquilles d'or à la fasce d'azur en chef crénelé* du côté Hangest, et *argent bandé d'azur avec fond de gueules en sautoir*, pour Marie d'Athies. En dessous, on lit cette inscription :

Par grand pitié pour le doux sauveur moult patient,
Ont fait cette verrière faire le seigneur et dame ici priant.

Sous la verrière voisine reproduisant les mystères de la naissance du Sauveur, on lit, dans un cartel au bas à droite :

« Restaurée en 1844, l'abbé Henriet étant curé de Montmort », et dans le cartel de gauche cette inscription récapitulant les différentes scènes figurées :

Gabriel dit à Marie : *Ave gratiâ plena.*
La Vierge lui répond : *Ecce Ancilla.*
A Noël, les anges ayant chanté : *Gloria.*
Bergers et mages apportèrent *Munera.*

Est-ce un texte ancien fidèlement recopié ou un pastiche adroitement imaginé par le curé ? Les cartouches étant modernes, nous croyons que le quatrain l'est également.

Cette verrière et la précédente ont été soigneusement réparées en 1847 par Vincent Larchet, verrier à Troyes.

Le même Larchet livre en 1848 le vitrail de la Vie de Saint-Pierre composé de 12 sujets accompagnés de leurs légendes. Quelques fragments seulement sont anciens. Il est placé à gauche du maître-autel à côté de la verrière de la Pentecôte, moderne en grande partie.

La chapelle Saint-Pierre (autrefois chapelle Saint-Nicolas) offre encore deux spécimens intéressants de l'art du verrier. Ce sont, au-dessus de l'autel, des fragments de la Vie de Saint-Nicolas d'un coloris frais et d'un dessin de tournure facile qui appartiennent pleinement à la Renaissance (restaurée en 1862). Puis, dans la muraille de gauche de la même chapelle, un vitrail à six panneaux plus ou moins restaurés, dont trois entièrement neufs, ainsi que les lobes du haut de la fenêtre. Il a été donné par Balthazar Beth qui était procureur du château (régisseur) en 1502. Les portraits des donateurs, avec phylactère explicatif, occupent la zone inférieure du vitrail.

L'église possède encore plusieurs verrières, mais de peu d'intérêt. Celle des *Litanies de la Vierge*, exécutée par Ledru, à Reims, qui l'a posée en 1865 ; la *Vie de la Vierge*, œuvre des dames carmélites du Mans, qui témoigne uniquement de leur désir de bien faire (1860) ; l'*Ange gardien* et le *Saint-Michel*, sortis en 1880 des ateliers de Durieux, peintre-verrier à Reims, et quelques morceaux à noter encore dans les petites fenêtres des bas-côtés.

La Renaissance a imprimé sa signature sur l'église de Montmort en deux de ces placages gracieux qu'elle prodiguait si aisément partout où elle en trouvait l'occasion.

C'est d'abord la crédence de la chapelle de la Vierge enjolivée de pilastres soutenant une attique décorée d'un écusson mi-partie France et Bretagne, accosté d'une branche d'olivier et d'une branche de chêne. Une grande coquille forme le fronton. Quoique la pierre se soit effritée en maints endroits, ce morceau est encore très intéressant.

L'autre monument est d'un caractère plus grave, bien que les arabesques du temps y jouent nécessairement leur rôle. Il consiste en des pilastres et un bandeau plat qui encadrent une porte, aujourd'hui bouchée. Cette porte donnait autrefois sur une salle où l'on inhumait les seigneurs de Montmort et qui sert aujourd'hui de sacristie. Sur le bandeau et le cintre surbaissé qui le surmonte en manière de fronton, on lit cette singulière inscription funèbre : « Mors en ung jour, en ung lit, Gist le seigneur et dame de Montmort. »

Une partie de l'épitaphe a sans doute disparu, car elle devait mentionner les noms de ces seigneurs décédés dans le même lit et descendus le même jour dans le tombeau. Aujourd'hui, nous nous demandons si ce furent Louis d'Hangest et Marie d'Athie ou Joachim d'Hangest leur fils et Louise de Moüy, mère de Jeanne d'Hangest. Le style du monument porterait à conclure en faveur de ces derniers.

Le mobilier paroissial est des plus modestes. Nous signalerons pourtant la chaire en bois sculpté. Elle est d'un travail assez habile, surtout dans la rampe ajourée de l'escalier, mais de ce mauvais style Louis XV que les Flamands ont si lourdement imité. Les médaillons des panneaux représentent Saint-Pierre, Sainte-Appoline et

Sainte-Madeleine. Elle a été achetée à Tournay et offerte à l'église en 1880. Ce que nous en disons n'ôte rien au mérite des personnes bien intentionnées qui en ont fait don.

Un seul tableau à noter. Il représente la Résurrection. Il provient de l'abbaye de la Charmoye, de l'Ordre de Citeaux. Enfin, les stalles du chœur, qui sont dignes d'attention, ont été achetées en 1848 à la cathédrale de Châlons qui renouvelait les boiseries de son sanctuaire. Elles venaient originairement d'un couvent de cordeliers de cette ville détruit en 1793.

Enfin, pour être aussi complet que possible, nous dirons un mot de la grosse cloche qui a été refondue et bénite en 1856 et dont la légende a son intérêt. Elle datait de 1709 et avait été cassée en 1854. Pour conserver le titre d'origine de la première cloche, on a relaté une partie de l'ancienne inscription dans l'inscription nouvelle ainsi conçue : « Nommée en 1706 par messire Pierre Rémont, » écuyer, seigneur de Montmort, Luçy, Lacaure et autres » lieux et dame Françoise-Madeleine de Romicourt son » épouse, refondue en 1856, j'ai été nommée Emélie-» Raymonde, par M. Raymond Rémont, marquis de » Montmort, et Mme Delestre-Poirson, née Emélie-» Thérèse-Constance de Groiselliez ».

Une seconde inscription porte le nom du curé Hubert qui l'a bénite et des notables qui ont assisté à la cérémonie. Plus bas, on lit : « Gallois, fondeur breveté, à Paris ».

Cet abbé Hubert, né en 1804, a succédé en 1845 à l'abbé Henriet, nommé à la cure de Baye. Il mourut à Montmort en 1881, après trente-six ans de ministère, estimé et regretté de tous. Il a laissé des notes intéressantes sur son église et sa paroisse, notes que nous avons été heureux de consulter.

IV

LA VIERGE DE MONTMORT

L'autel de la chapelle de la Vierge est tout en pierre et de date récente. Au-dessus du tabernacle s'élève un fût de colonne que couronne la statue de la Sainte-Vierge. La mère du Sauveur est assise et tient l'enfant Jésus debout sur ses genoux. Il a les bras grands ouverts à l'humanité

tout entière dans la mystérieuse prescience de sa divine mission. Sa mère l'entoure d'une sollicitude où le respect se mêle à la tendresse. A voir la tournure générale de ce groupe, on sent bien vite que l'auteur n'est pas de ceux qui pourvoient d'ordinaire les usines du quartier Saint-Sulpice où l'on tient spécialement l'article religieux.

Et pourtant la statue est placée dans des conditions si défavorables, se détachant en silhouette sur le fond lumineux d'une verrière d'un effet brutal, que malgré son

rythme à la fois harmonieux et savant qui frappe de suite le connaisseur, un œil moins exercé pourrait s'y tromper. Pour se rendre compte des qualités de cette œuvre délicate noyée dans la pénombre où elle semble se dérober, il faut la regarder longtemps, à des heures différentes, vers le soir particulièrement quand le soleil déjà tourné ne vient plus faire miroiter autour d'elle une lumière diffuse qui éblouit. Alors seulement, on goûte tout le charme de cette composition, l'élan d'amour du divin enfant déjà impatient du sacrifice, le mouvement tendrement protecteur de sa mère et la grâce des draperies qui expriment si bien l'idée de candeur, de modestie dont la Vierge est le pur symbole.

Elle est l'œuvre d'un statuaire jeune encore et déjà célèbre, lauréat du prix de Rome et chevalier de la Légion d'honneur, M. Léon Fagel. Comment se fait-il qu'elle figure dans cette humble église? Montmort est-il le berceau de l'artiste qui se serait souvenu de son pays d'origine? Non, car Léon Fagel est né à Valenciennes. Voici l'histoire en deux mots :

Par suite de circonstances toutes fortuites, le jeune artiste se trouva en relations de correspondance avec le curé de Montmort. Il s'était adressé à lui, sans le connaître, comme il arrive souvent quand il s'agit de missions confidentielles et délicates. Le curé ayant fait preuve de beaucoup d'obligeance, Fagel se fit un devoir de venir le remercier en personne. L'aimable accueil du prêtre, la beauté du pays le jetèrent dans un de ces ravissements dont les artistes, êtres sensitifs et primesautiers, n'ont pas pour habitude de modérer l'expression.

— Comme il ferait bon vivre dans ce joli coin vert, et comme ma petite Odette se fortifierait dans cet air salubre !

— Allez la chercher, reprit le bon curé, et revenez-nous bien vite.

Peu de temps après, M. et Mme Fagel, l'enfant et la bonne étaient campés dans une maisonnette de Saint-Pierre, hâtivement blanchie à la chaux à leur intention, et le statuaire prenait possession de la remise du presbytère où il établissait son atelier.

Il passa dans cette calme thébaïde plusieurs étés qui comptent parmi les meilleurs de sa vie. Il y acheva ou y prépara plusieurs ouvrages qui contribuèrent à établir sa réputation, et Odette, à qui cette bonne cure d'air a merveilleusement réussi, est aujourd'hui une belle et grande fillette dont la santé ne donne plus de souci à ses parents.

Fagel, avons-nous dit, est né à Valenciennes, patrie de Lemaire, de Crauck, de Carpeaux, pour ne citer que les sculpteurs (1). Il eut pour premier maître Fache, peu connu malgré son talent, parce que sa carrière s'est écoulée tout entière à Valenciennes et que ses travaux

---

(1) Valenciennes a donné le jour à Watteau, à Pater et au doyen de nos paysagistes, Harpignies.

ont été consacrés généralement aux églises de sa région (1).

Lorsqu'il jugea le moment venu, il envoya son élève à Paris et l'adressa à l'éminent statuaire Cavelier, son ami. Fagel ne tarda pas à justifier les espérances que ses maîtres avaient conçues. Il obtint le second grand prix de Rome en 1877, je crois, et le premier en 1879.

Depuis son retour de la villa Médicis, il n'est pas de Salon où il ne se soit signalé par quelque envoi remarqué. Ce sont : en 1883, *la Décapitation de Saint-Denis*, groupe en plâtre; en 1884, la statue de *Dupleix*, érigée à Landrecies (Nord) ; en 1885, la statue (proportions plus grandes que nature) de Chevreul dont le bronze est à l'école des Arts-et-Métiers de Roubaix, et le marbre à l'école des Arts-et-Métiers de Paris ; en 1887, *la Première offrande d'Abel.* Les formes graciles de cet éphèbe aux lignes pures, son visage pénétré d'une pieuse extase font de ce marbre une œuvre exquise, définitivement entrée, après une odyssée plus ou moins longue, au musée de Valenciennes, sa véritable place.

Entre temps l'artiste s'occupait du monument de Wattignies destiné à commémorer, en 1893, le centenaire de la bataille gagnée par le général Jourdan sur les Autrichiens, le 18 octobre 1793. Un jeune tambour qui

(1) Fache, sculpteur, né à Douai, membre correspondant de l'Institut, mort à Valenciennes en 1887.

bat furieusement la charge, des soldats décidés à vaincre, un chef qui les entraîne en brandissant le drapeau qui les mène à la victoire, telle est — autant que je m'en souviens — cette composition d'un beau souffle patriotique

Le jour de l'inauguration, le Président Carnot a complimenté et décoré Fagel à qui cet ouvrage fait le plus grand honneur. Déjà le laborieux artiste s'occupait d'un nouveau travail, le monument de Mlle Duchesnois qui fut inauguré, en 1895, à Saint-Saulve, près Valenciennes, pays natal de la tragédienne. Le besoin, à vrai dire, ne s'en faisait guère sentir. On se demande où s'arrêtera cette manie de statufier des gens d'un mérite plus que secondaire. De tels honneurs ne devraient-ils pas être exclusivement réservés aux hommes qui ont rendu à la patrie de grands services d'ordre général, ou reculé les bornes de sa gloire artistique ou littéraire. On abuse un peu trop du « coup du monument ». Celui-ci aura appris au moins aux habitants de Saint-Saulve qu'ils ont eu jadis une célèbre « payse » du nom de Duchesnois, et il a eu de plus l'avantage de fournir à Fagel — qui a ses raisons pour juger avec moins de sévérité que nous l'excès dont nous nous plaignons — une nouvelle occasion de déployer le charme et la grâce de son talent.

Ce n'est pas que la contemporaine et rivale de Mlle Georges y prêtât beaucoup (1); elle était franche-

(1) Mlle Duchesnois, née à Saint-Saulve en 1786, mourut âgée de 49 ans en 1835 dans sa famille à Valenciennes.

ment laide et d'une laideur sans caractère ; aussi le statuaire s'est-il contenté d'un buste posé sur un cippe ; mais il s'est dédommagé en plaçant au pied de ce cippe une jeune femme dont le vêtement Empire dessine les formes sveltes sous ses plis sobres et élégants, — sorte de muse modernisée qui lit une ode à la tragédienne.

Fagel met la dernière main en ce moment à un monument d'applique consacré à la mémoire de Louis Veuillot qu'attend une place spéciale et bien gagnée dans la basilique du Sacré-Cœur. La tête du vigoureux polémiste sort, avec un relief saisissant, dans sa laideur puissante, d'une sorte de niche circulaire. Son regard droit et ferme, sa lèvre épaisse et dédaigneuse semblent défier ses adversaires. Toute cette physionomie plébéienne et robuste respire la combativité. Plus bas, deux figures d'un relief plus discret, personnifient la Foi et la Vaillance qui disent et résument la vie entière de l'écrivain avec cette brève devise : *cruce et calamo.*

Pourquoi Léon Fagel, prix de Rome et hors concours au Salon, a-t-il passé en 1896 de l'exposition du Palais de l'Industrie à celle du Champ-de-Mars ? Nous cherchons en vain ce qu'il a pu y gagner. En tout cas, nous n'avons qu'à l'y suivre et à noter les fragments qu'il y a envoyés des monuments de Wattignies et de Saint-Saulve, et la figure en plâtre qui constitue son apport inédit, son morceau de bienvenue à la société nouvelle. C'est un placide jardinier greffant un arbuste. Le mouvement est juste, l'opérateur est bien attentif à son travail ; mais l'œuvre a la réalité un peu étroite et particularisée d'un portrait. Le greffeur de J. F. Millet avait un sens plus général. Je regrette aussi la casquette qui ajoute comme un trait légèrement caricatural au personnage. Faites-lui tenir une lettre, et ce n'est plus qu'un vulgaire concierge. Cette figure du genre anecdotique gagnerait à notre avis, à être réduite à des dimensions mieux proportionnées à son intérêt. J'émets là, je le sais, une idée qui n'a plus cours, mais je la crois bonne et je m'y tiens.

Si, par cet envoi, L. Fagel a cru prendre le « la » de la société à laquelle il apportait le concours de son talent, il se trompe, car les fervents de la nouvelle esthétique pour qui la violence et l'incorrection sont synonymes de génie, ne lui pardonneront pas la construction savante et le bon équilibre de sa figure. Le sujet lui-même ne saurait les intéresser. Est-il métier plus paisible, moins antisocial que celui de l'homme qui fait éclore et pousser les fleurs et les fruits ! Or, l'école de demain ne s'intéresse pas, quoi qu'elle dise, aux « humbles » qui acceptent leur condition et s'y taillent une existence supportable. Ce qu'elle aime, c'est l'humanité qui souffre, qui hait, qui menace, qui se tord sous la douleur et le désespoir. Je sais de bons apôtres qui précipiteraient volontiers l'humanité dans les pires calamités pour avoir prétexte à s'apitoyer sur ses souffrances. L'inoffensif jardinier de M. Fagel est donc un peu dépaysé dans cet enfer dantesque. Mais que diable un statuaire, classique en dépit qu'il en ait, à la façon des Chapu, des Mercié, peut-il bien aller faire dans cette gehenne de mécontents qu'est le jardinet de la sculpture au Champ-de-Mars ? Je ne parle pas des peintres qui, eux, ont pu trouver à déserter les Champs-Elysées, certains avantages que je n'ai pas à discuter ici.

Toutefois une belle œuvre est belle partout, même quand elle n'est pas dans son milieu. Que M. Fagel envoie au Champ-de-Mars une chose exquise de fraîcheur et de sentiment, comme son Abel, et nous saurons bien l'y voir. Mais je touche là d'une plume, indiscrète peut-être, à des questions qui ne me regardent pas. J'ai pris parfaitement, quant à moi, mon parti d'une scission qui, si elle n'est pas toujours profitable à ceux qui l'ont provoquée, jette dans le mouvement général de l'art une note d'indépendance, de nouveauté, de liberté qui n'est pas pour me déplaire et qui a désormais sa raison d'être et de durer. Tant pis pour ceux qui se trompent. L'amateur sagace saura bien reconnaître les bons et les tirer hors de pair.

Je reviens à Montmort qui n'a rien à voir avec nos querelles artistiques.

Parmi les nombreux bustes que Fagel a produits, je tiens à citer ceux qu'il a exécutés pour des familles du pays : Mlles Crombez, Orville (d'Orbais), de la comtesse Lafont, de la marquise de Bouthillier, de Mme Hemart de la Charmoye (plaquette bas-relief), de Mlle des Netumières, de M. de Gourcy, etc.

Fagel ne voulut pas quitter le pays qui l'avait si bien accueilli sans y laisser, en manière d'adieu, un souvenir de son talent. C'est à ce sentiment que l'église doit le groupe que nous avons décrit. Un enfant du voisinage a posé pour le petit Jésus ? Quant à la Vierge, Fagel a copié une de ces figures de rêve qui flottent dans l'imagination de l'artiste et du poète ?

M. et Mme Fagel ont emporté en échange les sympathies des habitants. Si les campagnards, avec leur gros bon sens doublé de méfiance, tiennent tout d'abord en quarantaine les « parisiens » (et c'est ainsi qu'ils qualifient tous les étrangers qui tombent chez eux par aventure), ils lèvent bien vite l'interdit quand ils ont affaire à des gens simples, qui travaillent comme eux, quoique différemment, et vivent sans tapage, selon le code des honnêtes gens ; ce qui est plus fréquent qu'on croit parmi les artistes, car leur art qui les prend tout entiers les préserve des défaillances auxquelles est plus exposé l'homme qui vit sans idéal.

Frédéric HENRIET.

Octobre 1896.

TABLE DES MATIÈRES

SORTI DES PRESSES DE LA MAISON MATOT-BRAINE

REIMS

45

www.ingramcontent.com/pod-product-compliance
Ingram Content Group UK Ltd.
Pitfield, Milton Keynes, MK11 3LW, UK
UKHW022144190726
13855UKWH00003B/1321